AF356235

Le Général Comte Rampon

1759-1842

(ESQUISSE BIOGRAPHIQUE)

DISCOURS

PRONONCÉ

A la Distribution des Prix du Lycée de Tournon

Par FÉLIX NAVARRE

Professeur de Rhétorique au Lycée.

Ceci est de l'Histoire.

TOURNON

TYPOGRAPHIE ET LITHOGRAPHIE J. PARNIN

1878.

Jeunes Élèves,

Si le tableau frappe plus que le livre, si l'exemple instruit plus que le précepte, il ne sera pas sans profit pour vous d'entendre lire une page de l'histoire des Vivarois illustres, il ne vous déplaira pas de voir revivre un instant sous vos yeux une physionomie intéressante par elle-même et par les grands et dramatiques évènements qui l'encadrent, la physionomie d'un soldat qui, en ne songeant qu'à verser utilement son sang et à bien servir son pays, est arrivé aux dignités, à la gloire, et dont la vie peut se résumer en deux mots : Honneur, Patrie.

Vous avez nommé le Général Comte Rampon. ANTOINE-GUILLAUME RAMPON, naquit le 7 mars 1759 à Saint-Fortunat (1). Situé sur le penchant d'une colline, le village descend en pente douce vers les eaux profondément encaissées de l'Eyrieux. Des deux côtés de cette capricieuse rivière, le sol se relève en une foule de mamelons d'inégale hauteur,

---

(1) D'une famille d'honnête bourgeoisie.

dont les flancs sont tapissés de vignes et de prairies d'un vert sombre, dont les crêtes, parfois dénudées, se hérissent parfois de noires forêts. Du haut de ces mamelons on aperçoit les Alpes aux escarpements d'aspect belliqueux, aux cimes resplendissantes comme des casques d'acier.

Tel fut le berceau du Général. A trois ans, il perdit son père à la suite d'un accident et son enfance fut confiée aux soins de ses grands parents Milhot. Ceux-ci l'élevèrent dans les principes de la plus saine morale et de l'honnêteté la plus scrupuleuse : puis, ses études de français terminées, ils l'envoyèrent apprendre la chirurgie à Privas. Dieu nous garde de médire de la chirurgie et des chirurgiens : cela porte malheur. Mais il sera permis à l'historien de constater que le jeune homme ne put se plier aux exigences d'un maître ignorant et d'un art dans l'enfance, du moins à Privas, en l'an de grâce 1775 (1). Laissant là livres et instruments, il courut s'engager. Il avait seize ans.

De bonne heure, le goût des armes s'était éveillé en lui au contact des frères Descours, du capitaine d'Audigier, anciens officiers, amis de sa famille. Pendant les longues veillées (le soir est l'heure des souvenirs) on déroulait les récits de bataille. Immobile, silencieux, l'enfant écoutait, d'une oreille avide, et l'amour de la patrie et l'amour des combats envahissaient son âme passionnée et profonde. D'ailleurs, c'est un fait reconnu que les Vivarois sont belliqueux par nature. Cette forte race d'hommes, comme s'exprime le poète, aime à faire parler la poudre : elle est née pour la guerre. Sans en chercher la preuve bien loin dans l'histoire (2), n'a-t-il pas suffi, il y a quelques années

---

(1) Bulletin de la société archéologique de la Drôme, année 1877.

(2) Voir le Panthéon du Vivarais par M. Henry Vaschalde, de Vals, et l'Etude sur Pierre Davity dans le Journal de Tournon, 1877. —

à peine, quand la France fut envahie, de frapper du pied le sol de l'Ardèche pour en faire sortir de valeureuses légions ? Ainsi, l'on s'explique aisément les dispositions naturelles du jeune Rampon pour le noble métier des armes.

Simple soldat en 1775, il gravit, un à un, tous les degrés inférieurs de la hiérarchie militaire, grâce, disent les Archives de la guerre, à sa bonne tenue, à son exactitude et à son amour pour la discipline. Mais l'ordonnance de Saint-Germain arrêta longtemps sa carrière. Aux termes de cette ordonnance, on ne dépassait pas le grade de sous-officier, quand on n'était pas noble, s'appelât-on Hoche ou Lefebvre. Enfin, en 92, alors que la France rompant avec le passé, disait à tous ses enfants :

Qui sert bien son pays n'a pas besoin d'aïeux,

il obtint l'épaulette de sous-lieutenant, rêve de tant de jeunes imaginations. Il avait trente-trois ans. A trente-quatre ans il était colonel. Son brevet de lieutenant est du 30 janvier 1793, celui de capitaine du 8 septembre, celui d'adjudant-général ou chef de bataillon du 5 octobre, celui de chef de brigade ou colonel du 14 octobre 1793, tous de la même année. On le voit, ce n'étaient pas seulement les morts qui allaient vite en ce temps-là, comme le dit la ballade : c'étaient aussi les vivants. Pour les soldats de la Révolution qui avaient un peu de tête et un peu de cœur — et ils n'étaient pas rares ceux-là — les grades marchaient les uns derrière les autres au pas de course comme les victoires de la France (1).

Un instant la Fortune fut infidèle à son jeune favori : entouré de forces supérieures devant Port-Vendres, il fut

---

(1) « Dans les épreuves multipliées, dans les vicissitudes de chaque jour les officiers incapables étaient vite balayés, tandis que les hommes de talent, une fois promus et dans les postes élevés, prenaient de l'ascendant et acquéraient l'habileté que donne la guerre. Ils sauvèrent le pays en s'illustrant » — Sainte Beuve, Causeries du lundi.

fait prisonnier après s'être défendu à outrance et, pendant vingt-deux mois, resta oublié en Espagne. A peine rendu à la liberté, il rejoignit son drapeau sur les Alpes. C'était l'époque où nous luttions, au-dedans contre la banqueroute, la hideuse banqueroute, au dehors contre la plupart des nations de l'Europe liguées contre la France pour lui faire expier le crime d'avoir voulu être libre.

Il était réservé au Colonel Rampon d'ouvrir la campagne d'Italie (1796) par un de ces traits qui caractérisent une âme forte et faite pour les grandes actions. Ici, il a donné sa mesure : il a essayé l'armure de Léonidas : elle allait à sa taille.

Le général en chef de l'armée française avait conçu un plan simple et hardi. Il consistait à tourner les Alpes pour les franchir au point le plus bas de la chaîne, vers les sources de la Bormida. On couperait ainsi les deux armées Sarde et Autrichienne pour les écraser successivement. Bonaparte croyait prévenir son adversaire : il fut prévenu par lui. Se méprenant sur les intentions des Français, Beaulieu franchit la montagne au-dessus de Gênes et donne l'ordre à son lieutenant d'Argenteau de passer l'Apennin, au-dessus de Savone, au col de Montenotte. Mais c'était par là précisément que notre armée devait déboucher en Piémont. Si le mouvement de d'Argenteau eût réussi, toutes nos troupes placées entre Savone et Gênes auraient donc été faites prisonnières. Heureusement pour Bonaparte, (et l'historien italien Botta va jusqu'à dire que, sans l'héroïsme de votre compatriote, jamais le Général Bonaparte ne fût devenu l'empereur Napoléon) le Colonel Rampon était là : là aussi était la 32e demi-brigade, si célèbre dans nos fastes militaires et composée en grande partie d'enfants de la Drôme et de l'Ardèche. Se sentant débordé par les masses ennemies — quinze cents hommes luttaient contre quinze mille — le

Colonel se replie dans l'ancienne redoute de Montélégino qui
commande le passage. Il n'a ni vivres ni artillerie. N'importe !
·Aux sommations, aux boulets de d'Argenteau il répond par
un feu très vif de mousqueterie et fait si bien qu'il repousse
un premier assaut. Dans un deuxième les ennemis parvien-
nent jusque sur le parapet de la redoute. Là s'engage une
lutte corps à corps. Au plus fort de la mêlée, un Autrichien
saisit Rampon par la basque de son habit. — Le colonel est
pris, s'écrie-t-il — Tu as donc besoin d'être vêtu, toi, lui
dit Rampon en se retournant et, d'un coup d'épée, il l'abat.
Le pan de l'habit resta dans la main du mourant. Après un
combat acharné, les défenseurs de Montélégino viennent à
bout de leurs adversaires.

Mais d'Argenteau n'a pas renoncé à l'espérance de forcer
le passage. Il redouble d'efforts : son artillerie fait rage et
bientôt les murs de la redoute s'écroulent sous les boulets.
D'autre part, les nôtres brûlent leurs dernières cartouches.
Comment les renouveler ? Ils sont séparés de la réserve.
Alors, épuisés de fatigue, de faim, de soif, ils hésitent, ils
vont reculer. Le colonel s'en aperçoit. S'élançant aussitôt
sur un monceau de pierres d'où sa voix peut se faire entendre de tous ses compagnons : « Soldats, s'écrie-t-il au
milieu du feu le plus meurtrier, les ennemis sont six mille
(il le croyait) et nous quinze cents. Vous voyez bien que la
partie est égale. Si la redoute est prise, l'armée est perdue.
Soldats, jurons de mourir tous plutôt que de nous rendre ! »
— Il dit et, sur la poignée de son épée, en forme de croix, il
fait prêter le serment. Pour la troisième fois l'infanterie Autrichienne s'élançait à l'assaut. Hurrah ! Hurrah ! Les nôtres
attendaient derrière leur parapet à demi détruit, silencieux et
immobiles comme des statues. Un moment l'ennemi hésite :
il ne s'explique pas que Rampon ait subitement cessé le feu :
néanmoins, persuadé que ce silence est celui de la mort, il

se précipite pour s'emparer d'une conquête qu'on ne lui dispute plus.

Une sonnerie de clairons retentit dans la redoute. A ce signal, les grenadiers de Rampon s'élancent, leur chef en tête, la baïonnette au bout du fusil. Ces lions bondissent, et leur choc est rendu plus terrible encore par la déclivité du terrain, et leurs cris dominent presque le bruit du canon et le crépitement de la fusillade. D'Argenteau veut résister : il est entraîné, emporté par le torrent : tout cède à la furie française, tout fuit vers la montagne voisine. Il fallut arracher le colonel Rampon du milieu des Autrichiens où il était enfoncé à trente pas au moins en avant de ses compagnons d'armes.

La nuit, qui survint, donna à Bonaparte le temps d'arriver et de faire son plan pour attaquer à la pointe du jour.

Le lendemain, se levait le soleil de Montenotte.

S'étonnera-t-on maintenant que la famille Rampon ait un blason, qu'elle porte « de gueule à trois pyramides d'or en pointe » — allusion à la part que prit le général à la bataille des Pyramides, — « à la redoute d'argent surmontée d'une M d'or en chef ? »

Ces armes ne consacrent-elles pas un grand souvenir historique ? Fut-il jamais serment plus chevaleresque inspiré par l'attachement au devoir, le mépris de la mort, la soif de la gloire, l'amour frémissant du drapeau ?

A Paris, l'émotion fut si vive à la nouvelle de cet exploit digne des anciens qu'on s'embrassait dans les rues, qu'on se félicitait sans se connaître, qu'on faisait sonner partout, dans les lieux publics, ces deux mots :

Rampon, Montélégino.

Interprète des sentiments de la nation, le Directoire donna l'ordre de retracer sur la toile et de répandre par la gravure la Défense de la redoute. L'œuvre du peintre Berthon occupe une place d'honneur au Musée de Versailles. Gravée par

Réveil, elle a inspiré le burin de Wicat et le ciseau d'un de vos compatriotes, Régis Breysse, le Berger du Béage. A cette distinction le Directoire en ajouta une autre sous la forme d'une lettre flatteuse (1) et, à quelque temps de là, dans les belles plaines du Piémont qu'entoure le magnifique amphithéâtre des grandes Alpes, le colonel Rampon était salué général au milieu des acclamations unanimes de l'armée.

Pendant tout le cours de la campagne, il soutint son éclatante réputation. A Dego, sa brigade pénétra la première dans la ville : après Lonato, « Bonaparte écrivit au Directoire : J'étais tranquille, la 32ᵉ était là. » — A Peschiera, à la Corona, au château de la Piétra, à Roveredo, à Arcole, à l'attaque du faubourg Saint-Georges, à Mantoue, il fit merveille, à dire d'experts :

« Les blessés sont l'élite de l'armée, écrit Bonaparte au
« Directoire le 13 novembre 1796; tous nos officiers supé-
« rieurs, tous nos généraux d'élite sont hors de combat :
« tout ce qui m'arrive est si inepte et n'a pas la confiance
« du soldat. L'armée d'Italie, réduite à une poignée de
« monde, est épuisée. Les héros de Lodi, de Millesimo,

---

(1) Du quatre Floréal de l'an quatre de la République française une et indivisible.

Le Directoire Exécutif au chef de brigade Rampon

Le Directoire exécutif devient avec plaisir l'organe de la reconnaissance nationale, Citoyen Commandant, lorsqu'il doit la témoigner à quelqu'un qui la mérite autant que vous.

Intrépide militaire, amant de la liberté, continuez à la servir : que le serment que vous avez fait prêter aux braves soldats que vous commandiez dans la redoute de Montelegino soit répété dans l'occasion par tous les républicains qui sont dignes de le sentir et qu'il serve à fortifier chez vous, s'il en était besoin, la haine de l'esclavage et le désir de vaincre des ennemis qui n'ont pas encore renoncé au projet insensé de nous donner des fers.

La valeur française les forcera sans doute bientôt à demander la paix pour laquelle ils témoignent tant d'éloignement. Vous y aurez contribué par votre exemple et par le trait héroïque qui vous honore. Quelle plus belle récompense pour un ami de son pays et de la République !

Pour le Directoire exécutif,   Pour expédition conforme,
LAGARDE.   LE TOURNEUR.

« de Castiglione et de Bassano sont morts pour leur
« patrie ou sont à l'hôpital : il ne reste plus aux Corps que
« leur réputation et leur orgueil. Joubert, Lannes, Lanusse,
« Victor, Murat, Chabot, Dupuy, Rampon, Pigeon, Chabran,
« Saint-Hilaire sont blessés, ainsi que le général Ménard. »

Rampon au milieu de cette élite dont chaque nom est
celui d'un héros, quel plus bel éloge ! Le général en chef
comptait sur lui.

En Italie et en Allemagne la série de nos triomphes ne
tarda pas à être close par le traité de Campo Formio qui
contraignait la monarchie séculaire d'Autriche à s'incliner
devant la jeune République Française (1).

Cependant le vainqueur de l'Italie rêvait des conquêtes
nouvelles. Il aspirait à coloniser l'Egypte, et le Directoire
donnait les mains à ce projet avec une joie mal dissimu-
lée, sachant bien que l'ambitieux est pareil au cèdre qui
ne laisse pas d'autres arbres grandir, faute d'air, à côté
de lui, sur la montagne.

Le 19 mai 1798, votre compatriote qui, dans l'intervalle,
avait pris part, sous Brune, à l'expédition de Suisse,
quittait le port de Toulon avec la flotte qui emportait
César et sa fortune. Le 2 juillet, sa brigade escaladait la
première, Rampon en tête, les remparts d'Alexandrie, et
la première, arborait le drapeau tricolore à l'hôtel du
consul de France. A la bataille des Pyramides, elle enleva
le village d'Embabeh armé de quarante bouches à feu et

---

(1) Campagne admirable, défensive jusque dans ses conquêtes !
    De quel éclat brillaient dans la bataille
    Ces habits bleus par la victoire usés !
    La Liberté mêlait à la mitraille
    Des fers rompus et des sceptres brisés.
    Les nations, reines par nos conquêtes,
    Ceignaient de fleurs le front de nos soldats.

BÉRANGER

défendu par vingt mille Arabes (1). Nommé commandant du Caire, comme il l'avait été déjà d'Alexandrie, notre héros fut ensuite attaché à l'expédition de Syrie, deuxième acte de ce drame émouvant qu'on appelle l'Expédition d'Egypte. Bientôt le canon français réveille devant Jaffa les échos des croisades. La brèche s'ouvre : Rampon s'y engouffre avec la 32ᵉ demi-brigade et l'attaque partielle qu'il dirige fait réussir l'attaque principale. Vient ensuite le siège de Saint-Jean d'Acre, la péripétie du drame, le grain de sable destiné à renverser les projets grandioses de Bonaparte. C'est devant cette place que son général de division Bon, originaire de Romans (Drôme) ayant été tué, Rampon, qui n'était que général de brigade, obtint le grade supérieur (2). Au Mont Thabor il commanda l'aile droite de l'armée ; à la seconde

---

(1) « Les colonnes d'attaque du général Bon, commandées par le brave « Général Rampon, se jetèrent sur les retranchements avec leur impé- « tuosité ordinaire, malgré le feu d'une assez grande quantité d'artille- « rie, lorsque les Mamelucks firent une charge. Ils sortirent des « retranchements au grand galop. Nos colonnes eurent le temps de faire « halte, de faire front de tous côtés, et de les recevoir la baïonnette « au bout du fusil et par une grêle de balles. A l'instant même le « champ de bataille en fut jonché. Nos troupes eurent bientôt enlevé « les retranchemants — »
Bataille des Pyramides : Lettre officielle du Général Bonaparte au Directoire exécutif : au Caire, le 6 thermidor an VI

(2) Voici la lettre inédite que lui écrivit, à cette occasion, l'illustre Carnot.
Paris, le 28 Fructidor an 8 de la République.

Le Ministre de la guerre au général de division Rampon employé à l'armée d'Orient.

Je vous préviens, Citoyen Général, que le Premier Consul a confirmé votre nomination au grade de Général de division, dont je vous envoie le brevet avec la présente.

La satisfaction que le Gouvernement éprouve à récompenser ainsi les services que vous avez rendus à la République ne peut être égalée que par celle que vous avez eue sans doute à les lui rendre. Il se plaît à se reporter en esprit au milieu de l'armée qui vous compte pour un de ses chefs et à voir que votre courage et votre constance n'ont point été de vains exemples. Il vous invite à persévérer dans les mêmes senti- ments et surtout à penser que, malgré les obstacles et les distances, il veille sur votre salut comme vous veillez sur sa gloire !
Je vous salue,
CARNOT

bataille d'Aboukir, il eut ses habits criblés de balles, et un de
ses aides de camp, son cousin, le lieutenant Milhot, tué à ses
côtés. En dépit de tant d'héroïsme, il fallut céder au destin.
Rappelé en France par les évènements, le chef de l'expédition,
l'homme qui marchait en croupe de la Victoire, abandonna sa
conquête et l'armée d'Egypte, après un suprème effort sous
Kléber, s'abattit comme la jument sauvage que chante le
poète :

> Lorsque, dans le désert, la cavale sauvage
> Après trois jours de marche attend un jour d'orage
> Pour boire l'eau du ciel sous ses palmiers poudreux,
> Le soleil est de plomb, les palmiers en silence
> Sous leur ciel embrasé penchent leurs longs cheveux ;
> Elle cherche son puits dans le désert immense,
> Le soleil l'a séché : sur le rocher brûlant
> Les lions hérissés dorment en grommelant.
> Elle se sent fléchir : ses narines qui saignent
> S'enfoncent dans le sable et le sable altéré
> Vient boire avidement son sang décoloré.
> Alors elle se couche et ses grands yeux s'éteignent
> Et le pâle désert roule sur son enfant
> Les flots silencieux de son linceul mouvant (1)

Tel fut le sort de l'armée d'Egypte. La colonisation n'avait
été qu'un mirage.

Du jour où il remit le pied sur le sol de la France, le
général Rampon termina sa carrière militaire. Epuisé de
fatigue il entra dans le repos et n'en sortit plus qu'à de rares
intervalles, aux heures lugubres où le drapeau recula. Est-il
besoin d'ajouter que les récompenses de l'époque, sabre
d'honneur, croix, titre de sénateur, titre nobiliaire, dotation,

---

(1) A. de Musset.

allèrent au devant de lui, qu'il fut comblé et accablé de distinctions ? Comment s'en étonner? Il avait été à la peine : c'était bien le moins qu'il fut à l'honneur.

Son existence s'est prolongée longtemps grâce à la tendresse inquiète de la meilleure des épouses, grâce à l'affection du plus aimant et du plus respectueux des fils.

L'humble volontaire de 1775, devenu, par droit de conquête, pair de France, s'est éteint à Paris, en 1842, dans de nobles sentiments de religion, de patriotisme et de charité.

Jusqu'à sa dernière heure il resta fidèle dans l'âme aux principes nouveaux mis en honneur par le xviiie siècle, ce siècle dont il est quelque peu de mode de médire aujourd'hui, et qui, néanmoins, dans l'ordre matériel, créa les sciences à l'aide desquelles l'homme a saisi sur la nature une domination inattendue et singulièrement accru son bien-être; qui, dans l'ordre moral, a conquis la tolérance, recherché la justice, proclamé le droit, revendiqué l'égalité civile, recommandé la fraternité humaine, banni la cruauté des institutions pénales, repoussé l'arbitraire de l'administration publique, voulu faire de la raison le guide des intelligences, de la liberté le guide des gouvernements, du progrès l'ambition des peuples, de la loi la souveraine de tout le monde (1).

Comme militaire, il eut, au témoignage de ses compagnons d'armes et de Bonaparte lui-même, (Mémoires) toutes les qualités du général de division, une intrépidité hors ligne, le coup-d'œil sur le terrain, l'habileté des manœuvres, la confiance et l'affection (2) de ses troupes, l'art de les enlever et de les ramener au feu, malgré des surcroîts de fatigue, malgré des échecs, enfin, une activité dévorante.

---

(1) Voir Mignet, le plus impartial de nos historiens, dans son éloge de Gérando.

(2) C'était en 1836. Le fils du Général se présentait à la députation à Privas. A cette époque de suffrage restreint une maille partie, comme dit

Avec sa grande taille, sa tête haute, surtout devant l'ennemi, sa tenue irréprochable, sa bravoure incontestable et incontestée, il nous représente un de ces anciens preux, un de ces chevaliers du Moyen-Age qui ne comptaient leurs ennemis que lorsqu'ils' avaient mordu la poussière.

Vous cherchez le général Rampon, dit un jour le vainqueur de l'Italie à un officier d'ordonnance qui, croyant voir le général dans un groupe, s'approchait pour le demander. Allez où l'on tire le canon. Vous le trouverez.

Comme homme privé, le Général était loin d'avoir l'allure ordinaire des vainqueurs. Ceux-ci courent, triomphent, se glorifient, montent perpétuellement au Capitole pour y rendre grâces aux Dieux d'avoir vaincu Carthage et sauvé Rome. Lui était simple, modeste, bon, sobre de paroles, j'ajoute modéré d'opinions. Sa générosité était grande, sa bienveillance inépuisable : elle l'est encore.

Douterait-on de son culte pour l'honneur et la patrie ? Il suffira, dans ce cas, de rappeler qu'en 1794, alors qu'il était prisonnier en Espagne, il refusa, comme il était tout naturel de le faire, les étoiles de général et un traitement élevé pour ne pas renier la Révolution française, pour ne pas perdre son titre de soldat de la pauvre armée française. Après Montélégino, il écrit à son oncle Milhot : « Je défendrai jusqu'à mon « dernier soupir la cause sacrée de la liberté, de ma patrie, et

le Bonhomme, pouvait emporter tout l'ouvrage d'une candidature. Parmi les électeurs influents de Privas se trouvait un ancien sergent de la 32ᵉ, nommé Dubois. Il avait promis sa voix à l'un des trois candidats, à un M. Champanhet. Mais, quelques jours avant l'élection, entendant prononcer le nom de Rampon, il sent battre son cœur : il court, il s'informe, puis il se rend chez M. Champanhet. « Je vous avais donné ma parole de voter pour vous. Je ne le puis plus. On vient de m'apprendre que le fils de mon colonel, de Rampon, de la 32ᵉ, celui que nous appelions: Notre bon, notre brave père, se présente contre vous. C'est pour lui que je voterai, Monsieur, et vous ne m'en voudrez pas. — Nous tenons cette anecdote de M. Johannenc, ancien Notaire, ancien Conseiller Général, Maire de Saint-Fortunat depuis un demi siécle.

« continuerai à mériter par mes sentiments la reconnaissance
« nationale. »

En apprenant la reddition sans combat de la place du Caire
il adresse au général Robin, auteur de la capitulation, une
lettre confidentielle qui témoigne de la noblesse de ses sentiments.

Elle commence ainsi :

Alexandrie, le 27 messidor an IX.

L'indignation qu'a éprouvée l'armée sous les murs d'Alexandrie, mon cher Robin, en apprenant la reddition du Caire est
bien difficile à peindre et, bien plus encore, son étonnement
de voir nos officiers supérieurs et généraux bien connus
par leur dévouement à la chose publique souscrire à la honte
d'un pareil acte.

Elle se termine par ces mots :

L'honneur commande tout ce que je te prescris, l'intérèt
national l'exige.

La plupart d'entre nous, Messieurs, aiment l'honneur et la
patrie sans y songer, comme on aime la mer quand on vit
continuellement sur ses côtes, comme on aime la vie, l'air
qu'on respire. Ce n'est que lorsque nous recevons une insulte
dans le genre de celle de don Diègue, ce n'est que lorsque
l'étranger foule le sol sacré de la France, le plus beau
royaume du monde, que notre cœur se réveille, qu'il semble
foulé lui-même, et que le plus lâche d'entre nous demande
des armes. Il n'en était pas ainsi du général Rampon.
Honneur et patrie voilà, second Lafayette, ce qu'il aima du
fond de ses entrailles, comme un père aime ses enfants, prêt à
toute heure du jour ou de la nuit à se lever, à marcher, à com-
battre, à souffrir, à vaincre ou à être vaincu, à se sacrifier

pour ces deux nobles passions, à se donner tout entier avec sa renommée, sa fortune, sa liberté, son sang et sa vie.

Je m'arrête, Messieurs. Avec des hommes, tout honneur, toute simplicité, héroïquement utiles et ne désirant pas autre chose, la louange doit être sobre si l'on veut rester dans la juste mesure et la proportion.

Dans l'épopée de 96, comme dans celle de 98, le profil du héros de Montélégino et du héros des Pyramides se détachera toujours.

Puissiez-vous, jeunes élèves, sans négliger la science et l'étude qui font le stratégiste moderne, marcher sur les pas d'un homme que nous avons toujours trouvé dans le chemin de l'honneur et du devoir ! Puissiez-vous, comme lui, ajouter à l'illustration de votre grand pays, la France, de votre petit pays, l'Ardèche ! Quand on possède de tels ancêtres, il ne suffit pas d'en tirer vanité, il faut avoir l'orgueil de suivre leur exemple. Toutefois, gardez-vous d'oublier qu'au-dessus du courage militaire, vertu commune chez les descendants du peuple qui fit trembler Rome même, il est une vertu bien rare chez nous, le courage civil. Si l'un sauve parfois une armée, l'autre sauve parfois une nation tout entière. Ainsi, le 20 mai 1795, Boissy-d'Anglas, représentant du peuple, par son sang-froid et son impassibilité stoïque, sauva la Convention et la France avec elle. Vous unirez donc, jeunes élèves, dans la même admiration, sentiment qui nous élève au-dessus de nous-mêmes et nous rend meilleurs qu'il ne nous a trouvés, Rampon et Boissy-d'Anglas, le courage civil et le courage militaire, les deux plus beaux fleurons de cette couronne de héros que porte si fièrement au front votre cher Vivarais !

F. NAVARRE.

Tournon, impr. Parnin.